JN348523

글쓴이 박혜선

미루나무를 좋아하고 지나가는 아이들에게 말 걸기를 좋아합니다.
그림책 《바다가 검은 기름으로 덮인 날》《낙타 소년》《소원》을 통해 환경과 지구의 앞날을 걱정하고,
《신발이 열리는 나무》《할머니의 사랑 약방》《이름이 많은 개》를 통해 자연을 사랑하며,
《푸른 비단옷을 입은 책》《커다란 집》《우리 할아버지는 열다섯 살 소년병입니다》를 통해
역사와 우리 사회에도 깊은 관심을 가지고, 열심히 글을 쓰며 즐겁게 지내고 있습니다.
1992년 새벗문학상에 동시 〈감자꽃〉이, 2003년 푸른문학상에 동화 〈그림자가 사는 집〉이 당선되었으며,
〈한국아동문학상〉〈소천아동문학상〉〈열린아동문학상〉 등을 받았습니다.

그린이 임효영

지구 남반구의 바닷가 마을에서 가족들과 살고 있어요.
한국, 호주, 미국 그리고 칠레 등에서 어린이를 위한 글과 그림 작업을 하고 있죠.
어린이의 세계를 탐구하며 희망이라는 용기 있는 마음을 잃지 않기 위해 노력합니다.
매일 바다를 접하고 있어서인지 태안의 사고가 더욱 안타깝고 가슴 아프게 느껴졌어요.
아픈 역사만큼이나 우리에겐 앞으로 더욱 잘 지켜 내야 할 힘이 생겼다고 믿습니다.
쓰고 그린 책으로 《밤의 숲에서》와 《Rajah Street》, 그린 책으로 《할아버지의 여행》
《당연한 것들》《저절로 알게되는 파랑》《White Sunday》《Dorothy》 등이 있습니다.

세상을 바꾼 그때 그곳으로 8
2007년 한국, 태안 기름 유출

바다가 검은 기름으로 덮인 날

박혜선 글 임효영 그림

한울림어린이

"태안 바다는 우리 논밭잉겨."
"그렇구말구! 우리 집 앞마당이 태안 바다라니께."
"그려그려, 말허믄 뭐혀. 집이고 마을이고 기냥 가족이고 삶이지."
어른들이 농담을 주고받는,
마을 사람 모두의 집이고 일터이며 자랑인 바다에
검은 괴물이 몰려오고 있었다.

2007년 12월 7일 금요일 오전 7시 6분, 태안 앞바다에서
초대형 크레인을 실은 삼성1호가 20만 톤 기름이 실린 허베이스피릿호와 부딪쳤다.
배에서 기름이 흘러나오기 시작했다. 헬기가 출동하고 구조선들이 몰려들었다.
매서운 겨울바람과 높은 파도는 검은 기름을 해안으로, 해안으로 밀어냈다.
기름은 멈출 줄 모르고 계속 쏟아져 나왔다.

"TV 봤어? 기름배에 구멍이 났대."
"응. 기름이 들이닥치면 우리 양식장 굴들은 다 죽는데…."
현우는 금방이라도 울 것처럼 입을 실룩거렸다. 난 아무렇지도 않은 척 말했다.
"걱정 마, 도현우. 별일 없을 거야. 기름은 배 주변에만 있대.
어른들이 바다에 울타리를 쳐서 기름을 막을 거래. 그러니까 괜찮을 거야."
나는 장난스레 현우 어깨를 툭 쳤다. 어느새 학교 운동장이 보였다.
'괜찮아, 괜찮을 거야.' 주문처럼 속으로 중얼거리며 교실로 향했다.

풍랑주의보가 내린 바다는 오후 늦게까지 무섭게 파도를 몰고 왔다.
겨울바람에 역한 기름 냄새가 났다.
학교에서 돌아오는 길에 검은 기름에 뒤덮여 죽은 갈매기 한 마리를 보았다.
퍼덕이며 뒹굴었는지, 갈매기 주변이 검은 기름으로 얼룩져 있었다.
문득 수업 시간에 보았던 검은 바다와 시커멓게 죽어 버린 물고기들이 떠올랐다.
현우는 머리가 아프고 배가 아프다고 했다. 나도 머리가 아팠다.
멀미라도 하는 것처럼 자꾸만 속이 울렁거렸다.

마을이 텅 비었다.
기름 사고가 난 날부터 어른들은 바다에서 살았다.
바다에 다녀와서는 늦게까지 회의를 했다.
"오늘 밤은 바람이 더 쎄졌잖어. 이러문 몰려오는 기름 띠를 잡을 수가 읎어."
"오일 펜스를 넘어오는 거 아녀?"
"몸으로라두 그놈을 막아야 허는디 워쩐디야."
"다시 나가 봐야 혀."
배를 가진 사람들은 양식장 앞바다에 배를 띄웠다.
검은 바다에 불빛이 반짝거렸다.
저 배들이 고기잡이를 나가는 배라면 얼마나 좋을까?

검은 기름은 내가 뛰어놀던 모래밭까지 몰려왔다.
현우랑 돌 밑에 숨은 칠게를 잡던 갯가까지 덮쳐 버렸다.
"아, 아, 어촌계에서 알립니다. 방제 작업이 있을 예정이오니
모든 주민은 도구를 챙겨서 모여 주시기 바랍니다."
어촌계장인 아빠 목소리가 확성기를 타고 들려왔다.
엄마는 트럭에 삽이랑 비닐을 챙겨 실었다.
나랑 현우도 어른들을 따라나섰다.

아이들은 자갈밭에서 기름을 닦기로 했다.
천으로 돌멩이를 닦고, 닦은 돌들은 한쪽으로 모았다.
"기름 때문에 답답했지? 이젠 괜찮아."
새알을 만지듯 나는 돌멩이를 가만가만 쓰다듬었다.
"못된 기름 괴물! 내가 모조리 없애 주마!"
현우는 하얀 천을 칼처럼 휘두르며 돌멩이를 닦았다.
현우의 기합 소리에 모두가 한바탕 웃으며 기운을 냈다.

"이제 우리 어떡해요?"

저녁 먹고 TV를 보는데 밖에서 목소리가 들렸다.

현우 엄마가 우리 엄마 손을 잡고 울고 있었다.

기름 때문에 양식장 굴들이 모두 죽었다고 했다. 오늘이 현우네 굴 따는 날이었는데.

굴을 팔면 최신형 컴퓨터로 바꿀 거라고 자랑하던 현우 얼굴이 떠올랐다.

검은 새 떼가 날카로운 부리로 내 얼굴을 마구 쪼아 댔다.
'안 돼! 저리 가!' 도망치고 싶은데 다리가 움직이지 않았다.
그 순간 검은 파도가 덮쳐 왔다. 기름이 꿀꺽꿀꺽 입 안으로 흘러들었다.
숨을 쉴 수가 없었다. '제발… 제발 꺼내… 줘….'

"도환아!"
눈을 떴다. 꿈이었다. 온몸이 땀에 젖어 축축했다.
"애들까지 악몽에 시달리고 이게 무슨 일이래…."
엄마가 걱정스러운 얼굴로 몇 번이나 땀을 닦아 주었다.

태안이 특별재난지역이 되었다.

매일 아침 버스들이 바닷가에 줄지어 섰다. 하얗고 노랗고 파란 방제복을 입은 자원봉사자들이 버스에서 내려 해안가 절벽, 작은 섬, 모래사장 곳곳에 자리를 잡았다.

하얀 천을 던져 기름을 걷어 내고, 웅덩이를 파서 기름을 가두고, 기름종이로 기름을 걷어 냈다.

기름을 녹여 내는 기계, 기름을 씻어 내는 물차가 쉴 틈 없이 바쁘게 돌아갔다.

마을 사람들은 경운기로 헝겊과 기름통을 실어 나르고, 밥과 국을 퍼서 도시락을 나눠 주었다.

마을회관 앞에는 전국에서 보내온 쌀, 라면, 고무장화, 비닐 옷 등이 산처럼 쌓였다.

"한국이 슬프면 우리도 슬퍼요."
"태안의 바다기도 하지만 흘러흘러 가면 우리 고향 필리핀의 바다기도 해요."
한글을 배우러 왔다는 외국인 유학생들이 땀을 닦으며 활짝 웃었다.
회사에 휴가를 내고 왔다는 직장인들, 수많은 동호회와 단체 사람들,
수능 시험을 마치고 달려온 형, 누나들….
그 속에 서울에서 온 내 친구 시윤이도 있었다.

나는 현우, 시윤이와 함께 자갈밭으로 갔다.
"우리 내기할래?"
현우가 기름 빨리 닦기 시합을 하자고 했다.
"좋아!"
시윤이도 천을 들고 닦을 준비를 했다.
"검은 괴물아, 각오해라!"

우리는 쉬는 시간도 아껴 가며 열심히 기름을 닦아 냈다.
찰도르르르, 찰도르르르.
닦은 돌을 내려놓을 때마다
파도가 쓸고 지나갈 때처럼 소리가 났다.
그 소리가 참 듣기 좋았다.

"으악!"

갑자기 시윤이가 비명을 질렀다.

바위 틈에 기름을 뒤집어쓰고 쓰러진 흰뺨오리가 보였다.

날개를 파닥거릴 힘도 없는지 간신히 눈만 깜박이고 있었다.

나는 얼른 수건을 덮어 기름을 닦아 냈다.
그리고 해안가에 임시로 세워진
'야생동물 구조대'로 달려갔다.
"힘내, 힘내!"
달려가는 내내, 시윤이는 주문처럼
　　　　이 말만 중얼거렸다.

"너희들이 응급 처치를 잘해 줘서 꼭 살아날 거야."
구조대 아저씨는 흰뺨오리를 안아 들며 다짐하듯 힘주어 말했다.

그날부터 우린 틈만 나면 야생동물 구조대를 찾아갔다.
구조대 아저씨들은 정신없이 바빴다. 구조된 새들의 기름을 닦아 내고
주사기로 영양제를 먹이며 돌보느라 밥 먹을 시간도 없는 듯했다.
바다와 바다에 사는 생물들, 여기 모인 사람들 모두가
견디며 이겨 내느라 애쓰고 있었다.
가슴속에서 뜨거운 뭔가가 뭉클 차올랐다.

며칠이 지난 어느 날이었다.
"얘들아, 흰뺨오리가 살아났어!"
"기름에 빠졌던 아기 괭이갈매기도 다시 날 수 있게 됐어!"
"와!"
우리는 파도 소리보다 더 크게 함성을 질렀다.
병든 바다가 깨어나고 아픈 동물들이 힘을 얻기를 바라는 마음을 담아
우리는 고래고래 소리를 지르며 서로 부둥켜안고 팔짝팔짝 뛰었다.

"이 고사리손도 일하는데, 나는 놀고만 있어서 워쩐댜…."
동네에서 제일 나이 많은 팔봉 할머니가 우리를 기다리고 계셨다.
"할머니, 걱정 마세요. 검은 기름은 저희가 깨끗하게 물리칠게요!"
현우가 할머니 손을 잡으며 씩씩하게 말했다.
"그려, 그려. 10년이 걸리든, 20년이 걸리든
바다는 다시 깨끗해질 것이구먼."
"당연하죠!"
우리는 입을 모아 큰 소리로 대답했다.

자원봉사자 123만 명의 땀방울이 태안 앞바다에 상괭이를 돌아오게 만들었다.
아름다운 손길들이 영영 사라질 줄 알았던 바다를 다시 푸른 빛으로 빛나게 만들었다.
자원봉사자들은 손바닥 도장을 찍으며 약속했다.

"잊지 않고 살던 곳으로 돌아와 준 굴, 조개, 꽃게들아!
견뎌 줘서 고맙고 이겨 내서 고마워. 다시는 너희들의 바다를 아프게 하지 않을게."

그 속에 내 손바닥도, 현우와 시윤이 손바닥도 쿡! 찍혀 있다.

2007년 태안의 눈물

2007년 12월 7일, 태안군 만리포 앞바다에서 12t이 넘는 기름이 바다로 흘러나왔어요.
검은 기름이 바다와 해안을 뒤덮었고, 생명을 가진 모든 것이 죽어 갔어요.
국내 최대 기름 유출 사고로 기록된 이날의 비극은 전날 오후 한 크레인선에서 시작되었어요.

안전불감증이 부른 비극

12월 6일 오후 2시 50분, 예인선 두 척이 삼성 크레인이 실린 부선(삼성1호)을 끌고
인천에서 경상남도 거제도로 출발했어요.
강한 바람과 높은 파도가 예보된 궂은 날씨였지만 누구도 출발을 미루지 않았죠.
12월 7일 새벽, 크레인선은 높은 파도에 밀려 항로를 벗어났고,
예인선과의 연결선마저 끊어지면서 바다를 떠돌기 시작했어요.
7시 6분, 크레인선이 태안 앞바다에 정박 중이던
대형 유조선 허베이스피릿호의 옆면을 들이받았어요.
이 사고로 유조선 탱크에 실린 원유 12,547㎘가 바다로 흘러나오는
끔찍한 비극이 시작되었어요.

죽음의 바다가 되다

검은 기름은 강한 바람과 파도를 타고 충청남도와 전라북도, 전라남도 해안 375km를 뒤덮었어요.
어패류가 떼죽음을 당했고, 철새들은 기름을 뒤집어쓴 채 죽어 갔어요.
101개 섬과 15개 해수욕장, 34,703ha(서울시 약 두 배 크기)에 이르는
양식장과 관련 시설이 기름 피해를 입었어요.
4만여 가구 사람들이 하루아침에 삶의 터전을 잃어버렸어요.
전문가들은 연일 비관적인 전망을 내놓았어요.
"태안이 본모습을 되찾기까지 적어도 30년이 걸릴 것이며,
일부 지역은 영원히 복구가 어려울 것이다.
기름 제거와 환경 복구에 들어갈 천문학적인 비용은 예측이 어려울 정도다."

시민들이 희망을 만들다

추위와 악취만 남은 바다에 시민들이 모여들기 시작했어요.
태안 지역 학생들은 수학여행과 졸업여행을 반납하고 기름 닦기에 나섰고,
전국 각지의 동호회와 종교 단체들도 태안을 찾았어요.
방학과 주말을 이용해 피해 주민들을 도우러 오는 가족, 휴가를 낸 직장인,
장애인 단체, 외국인 노동자와 유학생…. 어린아이부터 70대 노인에 이르기까지,
사고 해역으로 향하는 도움의 손길은 끝없이 이어졌어요.
연말연시 모임을 기름 제거 봉사 활동으로 대신하는 문화 현상은
대한민국의 성숙한 시민 의식을 다시 한 번 일깨워 주었죠.
1년여 동안, 123만 명의 자원봉사자들이 바다와 해안가 절벽, 작은 섬,
모래사장 곳곳에서 일일이 손으로 기름을 닦아 내며 구슬땀을 흘렸어요.
4,175㎘의 폐유와 32,074t의 흡착폐기물이 수거되면서
전문가들조차 예상하지 못한 속도로 빠르게 기름이 지워져 갔어요.

모두의 노력으로 되살아난 바다

2008년 3월   서해안 바닷가에 갈매기 떼가 돌아오고
            갯벌에 고둥과 게들이 보이기 시작했어요.
2008년 6월 말에는 가장 많은 피해를 입은 만리포 해수욕장과
            기지포 해수욕장이 개장했고,
2011년 태안에서 참굴 양식 시범 사업이 시작되었어요. 가장 오염 피해가 컸던
            구름포 해수욕장의 중금속과 오염물질 수치도 국제 기준치 이하로 떨어졌죠.
2014년 생태계 각종 수치들은 태안이 사고 이전의 모습을 되찾았음을 보여 주었어요.
            기름 유출 사고가 일어난 지 7년 만이었죠.
2015년 물새 번식 둥지가 발견되었고,
2016년 1월에는 세계자연보전연맹(IUCN)이 사고 이후 '경관보호지역'으로 강등했던
            태안해안국립공원 등급을 다시 '국립공원'으로 수정했어요.
            같은 해 6월에는 멸종위기종인 상괭이 100여 마리가 태안 앞바다에서
            무리지어 헤엄치는 모습이 목격되면서 그동안의 보전·복원의 성과를 증명해 냈죠.

태안의 환경 재난 극복 사례가 우리나라를 넘어 전 세계적인 주목을 받으면서
세계 최대 자원봉사기구 중 하나인 포인츠오브라이트 인스티튜트(Points of light institute)는
태안을 '세계자원봉사의 등대'로 선정하고 '태안사랑' 등 3개 단체에 특별공로상을 수여했어요.
2009년 태안 이원방조제에는 자원봉사자 7만여 명의 손도장이 담긴
국내 최대 규모(길이 2.73km, 높이 720cm)의 희망벽화가 그려져
태안으로 향했던 도움의 손길을 기억하고 기념하고 있죠.

기억해야 할 그날

태안 기름 유출 사고 10주기를 맞은 2017년 9월, 유류피해극복기념관이 문을 열었어요.
2007년 12월 7일, 국내 최대 해양 오염을 일으킨 사고를 재현한 동영상부터
검은 바다가 희망의 바다로 바뀌기까지 10년의 기록을 새긴 이곳은
두 번 다시 같은 사고가 일어나서는 안 된다는 경고와
어렵게 되찾은 해양 생태계를 소중히 지켜 내겠다는 다짐을 되새기도록 하고 있어요.

2007년 12월 7일의 사고는 조금만 주의를 기울였다면 절대 일어나지 않았을,
절대로 일어나서는 안 되는 비극이었어요.
우리는 이날의 사고를, 죄 없는 시민과 자연에 남긴 피해와 상처를 기억해야 해요.
검은 기름의 독성에 노출된 후유증으로 지금도 수많은 질병과 암에 고통 받는
지역 주민들의 아픔을 알고 공감할 수 있어야 해요.
123만 자원봉사자들의 마음과 정신을 본받아
어려운 시간을 맞은 누군가의 아픔에 공감하고 내가 할 수 있는 도움을 건네며,
다시는 같은 비극이 반복되지 않도록 잘못을 바로잡으려는 노력은
민주시민으로서 우리 모두가 마땅히 가져야 할
태도이자 책임일 거예요.

세상을 바꾼 그때 그곳으로 시리즈

❶ 엄마의 꿈, 딸의 꿈 1965년 프랑스 여성노동권
❷ 버스 타기를 거부합니다 1955년 미국 인종차별반대운동
❸ 아빠, 구름 위에서 만나요 1942년 폴란드 나치의 유대인 학살
❹ 베를린 장벽이 무너진 날 1989년 독일 통일의 첫걸음
❺ 게르니카, 반전을 외치다 1937년 스페인 게르니카 시민학살
❻ 소금 행진과 간디 1930년 인도 비폭력 저항운동
❼ 오월의 주먹밥 1980년 한국 5·18 민주화 운동
❽ 바다가 검은 기름으로 덮인 날 2007년 한국 태안 기름 유출
❾ 하마터면 한글이 없어질 뻔했어! 1443~1446년 한국 훈민정음 창제부터 반포까지
❿ 다랑쉬굴 아이 1948년 한국 제주 4·3 민주항쟁

세상을 바꾼 그때 그곳으로 8
바다가 검은 기름으로 덮인 날 : 2007년 한국, 태안 기름 유출
글쓴이 박혜선 | 그린이 임효영 | 편집 윤소라 | 디자인 이순영

펴낸곳 ㈜도서출판 한울림 | 펴낸이 곽미순 출판등록 2004년 4월 12일(제2021-000317호)
주소 서울특별시 마포구 희우정로16길 21 대표전화 02-2635-1400 | 팩스 02-2635-1415
블로그 blog.naver.com/hanulimkids 인스타그램 www.instagram.com/hanulimkids
첫판 1쇄 펴낸날 2022년 12월 7일   2쇄 펴낸날 2025년 10월 14일   ISBN 979-11-6393-129-4 77810   979-11-6393-029-7(세트)
이 책은 저작권법에 따라 보호 받는 저작물이므로, 저작자와 출판사 양측의 허락 없이는 이 책의 일부 혹은 전체를 인용하거나 옮겨 실을 수 없습니다.

* 한울림어린이는 ㈜도서출판 한울림의 어린이 책 브랜드입니다.
* 잘못된 책은 바꾸어 드립니다.

어린이제품안전특별법에 의한 제품 표시   제조국 대한민국   사용연령 8세 이상